中华人民共和国行业推荐性标准

公路路面技术状况自动化检测规程

Specifications of Automated Pavement Condition Survey

JTG/T E61—2014

主编单位：交通运输部公路科学研究院
批准部门：中华人民共和国交通运输部
实施日期：2014 年 12 月 01 日

人民交通出版社股份有限公司

图书在版编目（CIP）数据

公路路面技术状况自动化检测规程：JTG/T E61—2014／交通运输部公路科学研究院主编. —北京：人民交通出版社股份有限公司，2014.11
ISBN 978-7-114-11830-2

Ⅰ．①公… Ⅱ．①交… Ⅲ．①路面—自动检测—规程 Ⅵ．①U416.2-65

中国版本图书馆 CIP 数据核字（2014）第 257134 号

标准类型：中华人民共和国行业推荐性标准
标准名称：公路路面技术状况自动化检测规程
标准编号：JTG/T E61—2014
主编单位：交通运输部公路科学研究院
责任编辑：李　农
出版发行：人民交通出版社股份有限公司
地　　址：（100011）北京市朝阳区安定门外外馆斜街 3 号
网　　址：http://www.ccpress.com.cn
销售电话：（010）59757973
总 经 销：人民交通出版社股份有限公司发行部
经　　销：各地新华书店
印　　刷：北京市密东印刷有限公司
开　　本：880×1230　1/16
印　　张：2.5
字　　数：57 千
版　　次：2014 年 11 月　第 1 版
印　　次：2020 年 5 月　第 3 次印刷
书　　号：ISBN 978-7-114-11830-2
定　　价：25.00 元

（有印刷、装订质量问题的图书，由本公司负责调换）

中华人民共和国交通运输部

公 告

第 55 号

交通运输部关于发布
《公路路面技术状况自动化检测规程》的公告

现发布《公路路面技术状况自动化检测规程》（JTG/T E61—2014），作为公路工程行业推荐性标准，自 2014 年 12 月 1 日起施行。

《公路路面技术状况自动化检测规程》（JTG/T E61—2014）的管理权和解释权归交通运输部，日常解释和管理工作由主编单位交通运输部公路科学研究院负责。

请各有关单位注意在实践中总结经验，及时将发现的问题和修改建议函告交通运输部公路科学研究院（地址：北京市海淀区西土城路 8 号，邮政编码：100088），以便修订时研用。

特此公告。

中华人民共和国交通运输部
2014 年 10 月 20 日

交通运输部办公厅　　　　　　　　　　　　　　　　　2014 年 10 月 21 日印发

前　言

根据交通运输部厅公路字〔2008〕147号文《关于下达2008年度公路工程标准制修订项目计划的通知》的要求，由交通运输部公路科学研究院作为主编单位承担《公路路面技术状况自动化检测规程》（以下简称"本规程"）的制定工作。

路面技术状况自动化检测具有速度快、精度高、重复性好、人为影响小等优点，随着检测技术的发展，路面技术状况自动化检测设备已经得到了较为广泛的应用。为指导和规范路面技术状况自动化检测工作，制定本规程。

编写组在国家863计划项目、交通部西部交通建设科技项目等相关科研成果基础上，总结了在全国范围内进行的50多万公里干线公路路况自动化检测经验，经广泛调研与验证，完成了本规程的编制工作。

本规程共分为9章和3个附录，对几何状况、路面裂缝、路面平整度、路面车辙和路面构造深度等指标的自动化检测方法的适用范围、设备要求、准确性验证、检测要求、数据处理，以及路面技术状况自动化检测工作中的距离测量与定位做出规定。

请各有关单位在执行中，将发现的问题和意见，函告本规程日常管理组，联系人：曹江（地址：北京市海淀区西土城路8号，公路养护技术国家工程研究中心，邮政编码：100088；电话及传真：010-82364026；电子邮箱：zggk@roadmaint.com），以便修订时参考。

主　编　单　位：交通运输部公路科学研究院
参　编　单　位：公路养护技术国家工程研究中心
　　　　　　　　（中公高科养护科技股份有限公司）
　　　　　　　　浙江省公路管理局
　　　　　　　　吉林省公路管理局
　　　　　　　　广东省公路管理局
　　　　　　　　江苏省交通运输厅公路局
　　　　　　　　新疆维吾尔自治区公路管理局
主　　　　　编：潘玉利
主要参编人员：曹　江　程珊珊　卢　杨　虞丽云　朱定勤　潘宗俊
　　　　　　　李　强　张学志　罗广发　宋国森　赵新革

目　次

1 总则 ··· 1
2 术语和符号 ·· 2
　2.1　术语 ·· 2
　2.2　符号 ·· 2
3 基本规定 ·· 4
4 距离测量与定位 ··· 5
　T 0915—2014　距离自动化测量与定位方法
　4.1　适用范围 ·· 5
　4.2　设备要求 ·· 5
　4.3　准确性验证 ··· 5
　4.4　检测要求 ·· 6
　4.5　数据处理 ·· 7
5 几何状况 ·· 8
　T 0916—2014　路面几何状况自动化检测方法
　5.1　适用范围 ·· 8
　5.2　设备要求 ·· 8
　5.3　准确性验证 ··· 8
　5.4　检测要求 ·· 9
　5.5　数据处理 ··· 10
6 路面裂缝 ··· 11
　T 0974—2014　路面裂缝自动化检测方法
　6.1　适用范围 ··· 11
　6.2　设备要求 ··· 11
　6.3　准确性验证 ·· 11
　6.4　检测要求 ··· 12
　6.5　数据处理 ··· 13
7 路面平整度 ·· 15
　T 0935—2014　路面平整度自动化检测方法
　7.1　适用范围 ··· 15
　7.2　设备要求 ··· 15
　7.3　准确性验证 ·· 15

7.4	检测要求	17
7.5	数据处理	18

8 路面车辙 20

T 0975—2014　路面车辙自动化检测方法

8.1	适用范围	20
8.2	设备要求	21
8.3	准确性验证	21
8.4	检测要求	22
8.5	数据处理	23

9 路面构造深度 24

T 0969—2014　路面构造深度自动化检测方法

9.1	适用范围	24
9.2	设备要求	24
9.3	准确性验证	25
9.4	检测要求	25
9.5	数据处理	26

附录 A　反移动平均滤波处理方法 27

附录 B　路面构造深度 *SMTD* 计算方法 28

附录 C　断面平均构造深度 *MPD* 计算方法 29

本规程用词用语说明 31

1 总则

1.0.1 为适应公路技术状况检评工作的需要,规范路面技术状况自动化检测工作,保证检测数据的准确性和有效性,制定本规程。

1.0.2 本规程适用于各等级公路沥青路面裂缝、平整度、车辙、构造深度等及水泥混凝土路面裂缝、平整度、构造深度等路面技术状况自动化检测。

1.0.3 公路技术状况评定、路面养护决策、路面大中修养护设计等工作涉及的路面技术状况自动化检测可按本规程执行。

1.0.4 路面技术状况自动化检测除应符合本规程的规定外,尚应符合国家和行业现行有关标准的规定。

2 术语和符号

2.1 术语

2.1.1 裂缝率 cracking ratio
路面裂缝面积与实际检测的路面面积之百分比。沥青路面包括纵向裂缝、横向裂缝、龟裂及块状裂缝等病害;水泥混凝土路面包括裂缝、板角断裂、破碎板等病害。

2.1.2 轮迹带裂缝率 wheelpath cracking ratio
沥青路面轮迹带范围内裂缝面积与轮迹带面积之百分比。轮迹带为距车道中心线 0.6~1.4m 的区域。

2.1.3 设备调试 equipment debugging
通过参数设置或机械调整,将检测设备各项检测装置调整至正常的工作状态。

2.1.4 设备校准 equipment calibration
将选定测试路段的设备检测数据与基准数据进行比较,根据比较结果调整设备状态,使设备检测数据满足规定误差要求。

2.1.5 基准值 base value
测试路段路面技术状况指标的真值。

2.1.6 差分处理 difference processing
通过增加已知坐标测站的卫星定位观测,计算测站与跟踪卫星的定位误差,并实时将该修正值传送至用户接收机对测值进行修正的处理方法。

2.1.7 反移动平均滤波 anti-moving average filter
一种用于滤除无效检测数据的常规数学处理方法。

2.2 符号

CR——路面裂缝率;

IRI——国际平整度指数；
MPD——断面平均构造深度；
RD——路面车辙深度；
SMTD——路面构造深度。

3 基本规定

3.0.1 路面技术状况自动化检测应包括设备准确性验证、现场检测、数据处理与成果交付等主要内容。

3.0.2 检测设备除应符合相应的产品标准及相关规定外，还应满足本规程的准确性验证要求。

3.0.3 现场检测应包括检测方案制订、设备校准与数据采集等工作，并应符合下列规定：
1 应事先根据现行《公路技术状况评定标准》（JTG H20）制订详细检测方案。
2 通过准确性验证的检测设备应按本规程规定进行定期设备校准，校准的有效期为30d，未通过校准的设备不得用于路面技术状况自动化检测。
3 数据采集应满足本规程相应测试方法要求。
1）检测过程中应全程跟踪并实时记录检测的路线名称、路线编码、路线桩号、路面类型、车道、起止时间、天气状况、路面环境（潮湿、干燥）、操作人员、停车原因、异常数据、无效路段、长短链等信息及变化情况；
2）设备显示的里程桩号与公路实际桩号的误差超过50m时，应实时标注；
3）路面潮湿状况下不宜检测，路面积水状况下不得检测。

3.0.4 数据处理与成果交付应符合下列规定：
1 检测工作结束之后，应及时备份原始检测数据，并根据现场检测工作记录核实原始检测数据的有效性、完整性。
2 按本规程规定对原始检测数据进行汇总与处理，并编制检测报告。检测报告应包含项目概况、检测设备及性能、标定结果、检测过程及指标统计等内容。
3 交付的成果应至少包括原始检测数据、检测数据处理结果及检测报告。

4 距离测量与定位

T 0915—2014 距离自动化测量与定位方法

4.1 适用范围

4.1.1 本方法适用于路面的几何状况、裂缝率、平整度、车辙、构造深度等指标检测过程中距离自动化测量或空间快速定位。

4.2 设备要求

4.2.1 距离自动化测量装置分辨率不应大于1mm。

4.2.2 空间定位宜采用卫星定位装置，宜通过差分校正等方法提高定位精度。

4.2.3 同一设备的所有检测指标应共用一套距离测量与定位装置。

4.3 准确性验证

4.3.1 距离自动化测量与定位的准确性验证应包括距离测量误差、定位误差的准确性验证。距离测量误差不应大于0.1%，定位误差应符合表4.3.1的规定。

表4.3.1 卫星定位装置的准确性验证要求

验证项目	准确性验证要求
水平位置	信号覆盖率≥70%时，95%的测点误差 $\Delta \leq 2m$
	信号覆盖率<70%时，95%的测点误差 $\Delta \leq 10m$
海拔高度	信号覆盖率≥70%时，95%的测点误差 $\Delta \leq 5m$
	信号覆盖率<70%时，95%的测点误差 $\Delta \leq 10m$

注：信号覆盖率为卫星信号有效路段长度之和与测试路段总长度的百分比。

4.3.2 距离自动化测量与定位的准确性验证周期不得超过一年，当年度累计检测里程超过10 000km、设备硬件发生变化或检测结果出现异常时，应重新进行准确性验证。

4.3.3 距离自动化测量应按下列方法进行准确性验证：

1　选择长为1 000m的测试路段，标记起终点位置。
2　利用钢卷尺测量路段中线长度L_s，作为距离标准值。
3　将检测设备所有轮胎的气压调整为标准气压。
4　重复测试3次，取测试结果的平均值作为距离测试结果L_a。
5　按式（4.3.3）计算测量误差，测量误差应满足本规程第4.3.1条规定的要求。

$$\delta = \frac{|L_a - L_s|}{L_s} \times 100 \tag{4.3.3}$$

式中：δ——测量误差（％）；
　　　L_a——距离测试结果（m）；
　　　L_s——距离标准值（m）。

4.3.4　空间定位应按下列方法进行准确性验证：

1　选择至少两个测试路段，单个路段长度为100m。
2　按10m间距标注测试路段测点。
3　用静态卫星接收装置采集测点的位置信息作为基准值，并确定测试路段的信号覆盖率，平面测量精度应满足现行《公路勘测规范》（JTG C10）规定的二级要求，高程测量可放宽至平面测量精度的2倍。
4　用检测设备以50km/h匀速采集测试路段测点的位置信息作为测量值。
5　将测点的基准值和测量值转化为同一直角坐标系（x，y，z），按式（4.3.4-1）和式（4.3.4-2）计算每个测点的平面位置误差和海拔高度误差。

平面位置误差：$\qquad \Delta_i = \sqrt{(x_i - x_j)^2 + (y_i - y_j)^2} \qquad$ (4.3.4-1)

海拔高度误差：$\qquad \Delta H = |z_i - z_j| \qquad$ (4.3.4-2)

式中：x_i，y_i，z_i——测量值（m）；
　　　x_j，y_j，z_j——基准值（m）。

6　检测结果的误差应满足表4.3.1的要求。

4.4　检测要求

4.4.1　距离自动化测量和定位结果应与公路参照系统建立关联。

4.4.2　有里程桩的公路，应采用里程桩作为公路参照系统；未设里程桩的公路，宜选用永久性参照标志，通过测量检测点到参照标志的距离来确定位置，也可采用空间参照系统。

4.4.3　每天检测前，应按下列方法对距离自动化测量装置进行距离参数设置：

1　将轮胎气压调整为标准气压，并在轮胎上做明显标记。

2　将轮胎标记对准路面，滚动 10 圈，得到设备测量距离。

3　用钢卷尺测量车轮滚动距离作为基准值。

4　将测量距离与基准值的比值设为距离参数。

4.4.4　空间定位应按本规程第 4.3.4 条规定的方法进行定期设备校准，校准结果应满足表 4.3.1 的要求。

4.5　数据处理

4.5.1　距离自动化测量与定位结果输出间距均不应大于 10m。

4.5.2　应将空间自动化定位结果转化成 2000 国家大地坐标系。同时采用距离测量和空间定位两种方法时，检测结果应互相关联。

4.5.3　空间定位检测数据应以文本或电子表格格式保存，文件格式应符合表 4.5.3 的规定。

表 4.5.3　空间定位数据文件格式

桩　号（km）	x 坐　标（m）	y 坐　标（m）	z 坐　标（m）

注：表中桩号为 10m 单元的起点桩号。

5 几何状况

T 0916—2014 路面几何状况自动化检测方法

5.1 适用范围

5.1.1 本方法适用于路面几何状况的自动化检测，检测指标为曲率、纵坡和横坡。

5.2 设备要求

5.2.1 路面几何状况自动化检测可采用惯导装置或惯导卫星定位组合装置。

5.2.2 纵向采样间距不应大于0.5m，曲率最大测量值不应大于$1/5\,000\,\mathrm{m}^{-1}$，纵坡、横坡测量范围不应小于20%。

5.3 准确性验证

5.3.1 路面几何状况自动化检测的准确性验证应包括曲率、纵坡和横坡三项指标，准确性验证要求应符合表5.3.1的规定。

表5.3.1 路面几何状况自动化检测的准确性验证要求

验证项目	准确性验证要求
曲率	65%检测值的绝对误差≤$0.001\,5\,\mathrm{m}^{-1}$
曲率	95%检测值的绝对误差≤$0.003\,\mathrm{m}^{-1}$
曲率	所有检测值的绝对误差≤$0.005\,\mathrm{m}^{-1}$
纵坡	95%检测值的绝对误差≤1.5%或相对误差≤10%
纵坡	所有检测值的绝对误差≤6%
横坡	95%检测值的绝对误差≤1.5%或相对误差≤10%
横坡	所有检测值的绝对误差≤6%

5.3.2 准确性验证的周期不得超过一年，当年度累计检测里程超过10 000km、设备硬件发生变化或检测结果出现异常时，应重新进行准确性验证。

5.3.3 路面几何状况自动化检测应按下列方法进行曲率的准确性验证：

1 选择长度不小于200m的测试路段，其中曲线段长度不应小于100m，曲率已知且不应小于$1/300m^{-1}$。

2 在路段起终点位置做明显标记，沿行车方向每10m标记一个测点位置。

3 检测设备分别以20km/h、30km/h、40km/h匀速检测测试路段，按不大于0.5m的间距采集曲率数据。

4 以10m为单元输出平均曲率，根据已知曲率计算检测误差，检测结果应满足表5.3.1的要求。

5.3.4 路面几何状况自动化检测应按下列方法进行纵坡的准确性验证：

1 选择已知纵坡、长度不小于150m的直线测试路段，最大纵坡不应小于5%。

2 按本规程第5.3.3条中第2和3款规定的方法在测试路段上，按不大于0.5m间距采集纵坡数据。

3 以10m为单元输出平均纵坡，根据已知纵坡计算检测误差，检测结果应满足表5.3.1的要求。

5.3.5 路面几何状况自动化检测应按下列方法进行横坡的准确性验证：

1 选择已知横坡、含曲线段的测试路段，测试路段长度不应小于200m，并包含一完整的超高过渡段，其中最大横坡不应小于4%。

2 按本规程第5.3.3条中第2和3款规定的方法在测试路段上，按不大于0.5m间距采集横坡数据。

3 以10m为单元输出平均横坡，根据已知横坡计算检测误差，检测结果应满足表5.3.1的要求。

5.4 检测要求

5.4.1 检测前应进行下列准备工作：

1 将检测设备所有轮胎气压调整为标准气压。

2 将检测设备停放在水平路面上，启动检测设备，通过测试水平面的横滚角、俯仰角读数归0的方式进行惯导装置调试。

3 完成其他系统设置，并将检测装置调整至工作状态。

4 输入与检测任务相关的路线名称、检测车道、检测方向、检测时间等引导信息。

5.4.2 检测操作应符合下列规定：

1 应根据交通量、路面状况等实际情况，确定适宜的检测速度，最大检测速度不宜超过100km/h。

2 检测轨迹的中心线应与车道中心线基本吻合。必须并线超车时，应尽快回到原行驶车道。

    3 检测设备应保持稳定的行驶状态，避免强烈晃动。

    4 通过检测路段终点后，应保持检测状态继续采集至少50m的数据。

5.4.3 路面几何状况自动化检测应按本规程第5.3.3~5.3.5条规定的方法进行设备校准，检测速度应为30km/h，校准结果应满足表5.3.1的要求。

5.5 数据处理

5.5.1 路面几何状况自动化检测数据应以10m为单元计算并输出平均值。

5.5.2 路面几何状况自动化检测数据应包含曲率、纵坡和横坡三项，并以文本或电子表格格式保存，文件格式应符合表5.5.2的规定。

表5.5.2 路面几何状况自动化检测数据文件格式

桩 号（km）	曲 率（m^{-1}）	纵 坡（%）	横 坡（%）

6 路面裂缝

T 0974—2014　路面裂缝自动化检测方法

6.1　适用范围

6.1.1　本方法适用于基于图像检测法的沥青混凝土路面和水泥混凝土路面裂缝病害的检测，检测指标为裂缝率。

条文说明

　　路面裂缝自动化检测方法主要分三类：（1）视觉图像检测法，（2）路面轮廓检测法，（3）超声波检测法。目前，路面裂缝率自动检测多采用较为成熟的视觉图像检测方法，随着技术的进步可逐渐引入其他先进的检测方法。

6.2　设备要求

6.2.1　检测设备应能自动检测沥青路面和水泥混凝土路面的各类裂缝。

6.2.2　路面裂缝自动识别软件应能剔除路面污渍、标线以及水泥混凝土路面纵横向接缝、刻槽等非路面病害。

6.3　准确性验证

6.3.1　路面裂缝自动化检测应对检测宽度、裂缝最小识别宽度进行准确性验证；采用自动识别方法时，还应对路面裂缝自动识别结果的准确率进行验证。准确性验证要求应符合表6.3.1的规定。

表6.3.1　路面裂缝自动化检测的准确性验证要求

验 证 项 目	准确性验证要求
有效检测宽度	≥2.6m
裂缝最小识别宽度	≤1mm
识别准确率	≥90%

6.3.2 准确性验证的周期不得超过一年，当年度累计检测里程超过 10 000km、设备硬件发生变化或检测结果出现异常时，应重新验证。

6.3.3 路面裂缝自动化检测应按下列方法进行检测宽度验证：
1 选择车道宽度不小于 3m 的平直测试路段。
2 在横断面方向上按 50mm 间距标注测试路段。
3 检测测试路段，查看路面图片上的标注，验证路面检测宽度是否满足表 6.3.1 的要求。

6.3.4 路面裂缝自动化检测应按下列方法进行裂缝最小识别宽度验证：
1 选择长度不小于 100m 的平直测试路段。
2 在测试路段上标注路面裂缝，所选裂缝应至少包括 1 条宽不大于 1mm、长不小于 1m 的细小裂缝。
3 以 60km/h 匀速检测测试路段，所测路面图像应能清晰显示标注的路面裂缝。

6.3.5 路面裂缝识别准确率应按下列方法进行验证：
1 分别选择沥青路面和水泥混凝土路面裂缝率不同的 3 个平直测试路段，每个路段长度不应小于 1 000m，路面裂缝率应分布在 1%~8% 之间。
2 启动检测设备采集路面图像，采用路面裂缝自动识别软件识别路面裂缝，并以 10m 为单元输出路面裂缝率 CR_a。
3 通过实地检测或基于图像的人工识别，计算每 10m 的实际裂缝率 CR_c。
4 确定每个单元的裂缝率 CR_a 与实际裂缝率 CR_c 的绝对误差 ΔCR 及相对误差 δCR。当 $\Delta CR \leq 0.4\%$ 或 $\delta CR \leq 10\%$ 时，认定该 10m 单元的识别结果准确。
5 识别结果准确的单元数与测试路段总单元数之百分比为该测试路段的识别准确率，3 个测试路段的识别准确率平均值应满足表 6.3.1 的要求。

6.4 检测要求

6.4.1 检测前应进行下列准备工作：
1 检查相机镜头表面洁净无污物。
2 将检测设备所有轮胎气压调整为标准气压。
3 启动检测设备，通过调整相机参数或光源的方式确定路面图像光亮均匀，无明显亮纹和暗纹。
4 将检测装置调整至工作状态。
5 输入路线名称、起点桩号、终点桩号、检测车道、检测方向和检测时间等引导信息。

6.4.2 检测操作应符合下列规定：

1 检测车道选择应满足现行《公路技术状况评定标准》(JTG H20)的规定。当规定车道的路面裂缝与其他车道差异较大时，可根据要求选择病害严重的车道检测。

2 应根据交通量、路面状况等实际情况，确定合适的检测速度，最大速度不宜超过100km/h。

3 检测轨迹的中心线应与车道中心线基本吻合。必须并线超车时，应尽快回到原行驶车道。

4 操作人员应实时监控检测数据并及时调整检测状态。

5 应根据路面技术状况变化情况，做好现场检测工作记录。

6 通过检测路段终点后，应保持检测状态继续采集至少50m数据。

6.4.3 路面裂缝自动化检测应按本规程第6.3.3～6.3.4条规定的方法进行设备校准，校准项目包括检测宽度和裂缝最小识别宽度，校准结果应满足表6.3.1的要求。

6.5 数据处理

6.5.1 路面图像宜保存为JPEG等格式，图像文件名称应包含检测路线、方向、车道、距离或位置等信息。

6.5.2 路面裂缝率应以10m为单元计算平均值，可同时计算轮迹带裂缝率和横向裂缝率等指标。

6.5.3 路面裂缝自动化检测指标应按下列规定计算：

1 路面裂缝率为裂缝所占网格数与路面网格总数之百分比。
2 轮迹带裂缝率为轮迹区域裂缝所占网格数与轮迹区域路面网格总数之百分比。
3 横向裂缝率为横向裂缝所占网格数与路面网格总数之百分比。
4 网格标准尺寸为0.1m×0.1m。

6.5.4 检测数据应以文本或电子表格格式保存，文件格式应符合表6.5.4的规定。

表6.5.4 路面裂缝自动化检测数据文件格式

桩 号（km）	裂 缝 率（%）	轮迹带裂缝率（%）	横向裂缝率（%）

6.5.5 路面裂缝自动化检测与自动识别结果应按下列要求进行复核：

1 应检查原始数据、现场检测工作记录、路线编码、桩号范围、上下行、检测里程是否一致。不一致时应核实查找原因，结合现场检测记录进行修正。

2 应随机抽取4%~5%的路段实施人工识别作为基准值，根据基准值和路面裂缝自动识别结果确定路面裂缝识别准确率。路面裂缝识别准确率低于90%的路段，应重新自动识别，直至自动识别准确率满足90%的要求。对路面裂缝率较大的路段，抽样比例宜采用5%~10%。

7 路面平整度

T 0935—2014　路面平整度自动化检测方法

7.1　适用范围

7.1.1　本方法适用于路面平整度的自动化检测，检测指标为路面国际平整度指数（IRI）。

7.1.2　路面平整度自动化检测宜采用双轮迹检测方法，也可采用单轮迹检测。

7.2　设备要求

7.2.1　路面平整度自动化检测宜采用激光传感器等距离测量装置。

7.2.2　距离测量装置分辨率不应大于 0.5mm，采样间距不应大于 0.01m，每 0.1m 输出一组平均高程数据。

7.3　准确性验证

7.3.1　路面平整度自动化检测的准确性验证应包括有效速度、有效加速度、相关性、等速重复性以及不同速度重复性验证，准确性验证要求应符合表 7.3.1 的规定。

表 7.3.1　路面平整度自动化检测的准确性验证要求

验证项目	准确性验证要求
有效速度	纵断面高程偏差在 ±4.00mm 内的比例≥95%
有效加速度	相关系数 R≥0.85
相关性	相关系数 R^2≥0.99
等速重复性	变异系数 C_v≤5%
不同速度重复性	变异系数 C_v≤5%

7.3.2　准确性验证的周期不得超过一年，当年度累计检测里程超过 10 000km、设备

硬件发生变化或检测结果出现异常时，应重新验证。

7.3.3 路面平整度自动化检测应按下列方法进行有效速度和有效加速度验证：

1 选择一段长320m的测试路段，设置明显的标志并标注路段起终点位置和测试轨迹。

2 用DS05型水准仪，按0.25m间距测量轮迹纵断面的水准高程，作为断面高程基准值，测量精度应满足现行《公路勘测规范》（JTG C10）规定的二等测量等级要求。

3 分别以30km/h、20km/h、10km/h匀速重复测试3次。按本规程附录A规定的方法，对高程基准值和测试值进行10m反移动平均滤波处理，再计算各纵断面高程检测精度，按表7.3.1要求确定最低有效检测速度。

4 以70km/h匀速驶入测试路段，在180m内减速至20km/h，然后匀速驶出，重复测试3次；再分别完成90m、72m、60m、45m内减速至20km/h的试验，各条件重复测试3次。

5 按本规程附录A规定的方法，对高程基准值和测试值分别进行10m反移动平均滤波处理，再计算检测断面高程精度和车辆行驶加速度，按表7.3.1要求确定最大有效加速度。

条文说明

3 常用激光断面类平整度检测设备多采用加速度计测量装置，检测速度对加速计测量装置的测量精度产生影响，特别是低速检测（小于30km/h）时精度会有所降低，从而导致低速检测数据误差较大，为此需要验证路面平整度检测装置的最低有效检测速度。

7.3.4 路面平整度自动化检测应按下列方法进行相关性验证：

1 选择路面平整度均匀分布的4个长320m平直路段，其中路面平整度最小路段的 IRI 不应大于1.5 m/km，路面平整度最大路段的 IRI 不应小于5.0m/km，其他路段应在最大值和最小值间均匀分布。

2 用DS05型水准仪，按0.25m间距测量所有路段的相对高程，测量精度应满足现行《公路勘测规范》（JTG C10）规定的二等测量等级要求。根据测量高程数据计算各测试路段的 IRI，得到路段 IRI 基准值。

3 以50km/h匀速重复测试各测试路段3次，计算各次测试路段的10m单元 IRI 平均值为路段测试值，取3次路段测试值平均值为路段测试结果。

4 将各测试路段的 IRI 基准值和路段测试结果进行回归分析，确定相关系数应符合表7.3.1的要求。

7.3.5 路面平整度自动化检测应按下列方法进行等速重复性验证：

1 选择320m长的路面平整度均匀分布的平直路段。

2 以50 km/h匀速重复测试10次，计算测试路段的10m单元 *IRI* 平均值为路段测试结果。

3 按式（7.3.5）计算10次路段测试结果的变异系数 C_v。

4 变异系数 C_v 应符合表7.3.1的要求。

$$C_v = \frac{S_D}{\overline{X}} \times 100 \qquad (7.3.5)$$

其中：

$$S_D = \sqrt{\frac{1}{n-1}\sum_{i=1}^{n}(X_i - \overline{X})^2}$$

式中：C_v——变异系数（%）；

S_D——标准差（m/km）；

X_i——第 i 次路段测试结果（m/km）；

n——测试次数；

$\overline{X}$——n 次路段测试结果的算术平均值（m/km）。

7.3.6 路面平整度自动化检测应按下列方法进行不同速度重复性验证：

1 选择320m长的路面平整度均匀分布的平直路段。

2 分别以30 km/h、50 km/h、80 km/h匀速重复测试3次，计算各次测试路段10m单元 *IRI* 平均值为路段测试结果。

3 按式（7.3.5）计算9次路段测试结果的变异系数。

4 变异系数 C_v 应符合表7.3.1的要求。

7.4 检测要求

7.4.1 检测前应完成下列准备工作：

1 将检测设备所有轮胎气压调整为标准气压。

2 将检测设备停放在水平路面上，启动检测设备，进行加速度计静态标定。

3 输入路线名称、起点桩号、终点桩号、检测车道、检测方向和检测时间等引导信息。

7.4.2 检测过程应符合下列规定：

1 应根据交通量、路面状况等实际情况，确定合适的检测速度，至少提前50m保持稳定行驶状态。

2 检测轨迹的中心线应与车道中心线基本吻合。必须并线超车时，应尽快回到原行驶车道。

3 应实时监控路面平整度检测值变化，出现异常时应及时寻找原因并做好记录，必要时应停止检测。

4 检测过程中应避免频繁起步停车、急转弯或者突然加速等检测情况。

5 应根据现场检测情况，做好检测工作记录。

6 通过检测路段终点后，应保持检测状态继续采集至少50m数据。

7.4.3 路面平整度自动化检测应按下列方法进行设备校准：

1 选择路面平整度IRI不小于3.0 m/km的320m平直测试路段，设置明显的标志，并标注路段起终点位置和测试轨迹。

2 用DS05型水准仪，按0.25m间距测量测试路段的相对高程，测量精度应满足现行《公路勘测规范》（JTG C10）规定的二等测量等级要求。根据测量高程数据计算测试路段的IRI，得到测试路段IRI基准值。

3 检测设备以50km/h匀速重复检测测试路段10次，得到10次路段IRI测试值。

4 10次IRI测试值的变异系数不应大于5%，10次IRI测试值的平均值与基准值的相对误差不应大于5%。

7.5 数据处理

7.5.1 原始数据应包括桩号、检测速度以及断面高程，并以文本或电子表格格式保存，文件格式应符合表7.5.1的规定。断面高程输出间距应为0.1m。

表7.5.1 路面平整度自动化检测原始数据文件格式

桩 号（km）	左 高 程（mm）	右 高 程（mm）	速 度（m/s）

7.5.2 应根据输出的断面高程数据，以10m为单元计算IRI。

7.5.3 输出结果应包括检测里程和IRI值，并按文本或电子表格格式保存，数据文件格式应符合表7.5.3的规定。双轮迹检测时路面IRI应取左、右路面平整度中的大值。

7.5.4 路面平整度自动化检测应按下列要求进行复核：

1 超出设备有效检测速度和有效减速度范围的数据视为无效数据。无效数据不得参与指标的计算，当无效数据超出计算单元总数5%时，该计算单元IRI结果应无效。

表 7.5.3　路面平整度自动化检测数据文件格式

桩　　号（km）	左 IRI（m/km）	右 IRI（m/km）	IRI（m/km）

2　应检查原始数据、现场检测工作记录、路线编码、桩号范围、上下行、检测里程是否一致，不一致时应核实查找原因，结合现场检测记录修正检测数据。

3　应标注减速带、铁路与公路平交道口、路面垃圾、砌石路面、砂石路面、正在大中修或改建等特殊路段。

条文说明

1　当低于最低有效检测速度或者超过最大有效减速度时，路面平整度检测装置的加速度传感器件会产生不稳定的数据，导致纵断面高程检测值失真、路面平整度不准，因此相应检测结果应予以标注并剔除。

8 路面车辙

T 0975—2014 路面车辙自动化检测方法

8.1 适用范围

8.1.1 本方法适用于路面车辙的自动化检测，检测指标为路面车辙深度。

8.1.2 本方法采用模拟3m直尺方法计算路面车辙深度，按图8.1.2所示分别计算左右轮迹处的最大路面车辙深度（RD_1和RD_2），取大值为测试断面的路面车辙深度。

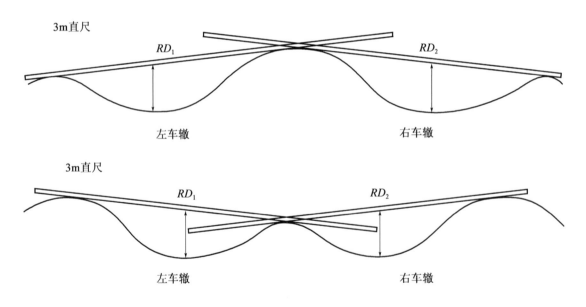

图8.1.2 车辙深度计算方法

条文说明

路面车辙深度的计算方法主要分为两种：直尺法和包络线法。目前，直尺法应用较为普遍，英国、美国（AASHTO、LTTP）、世界银行、世界道路协会等国家或机构均采用直尺法，我国现行《公路路基路面现场测试规程》（JTG E60）也采用直尺法，因此本规程采用直尺法进行检测。

8.2 设备要求

8.2.1 路面车辙自动化检测可采用梁式多传感器、扫描式激光传感器或光学影像传感器等不同装置。

条文说明

梁式多传感器车辙检测装置是通过安装在同一基准平面上多个距离传感器测量横断面不同位置的相对高程，据此计算路面车辙深度。为了得到更准确的车辙，需要增加激光测距装置数量。《公路路基路面现场测试规程》（JTG E60—2008）规定激光传感器数量不少于13个。

扫描式激光车辙检测装置是通过1个或多个激光发射器高速扫描路面横断面，获得连续横断面曲线，据此计算路面车辙深度。

光学影像车辙检测装置是采用线激光发射器和高速图像采集装置获得路面横断面图像，通过分析路面图像光线变形，确定路面车辙深度。

8.2.2 横向有效检测宽度不应小于3 500mm，横向平均采样间距不应大于300mm。

8.2.3 纵向断面采样间距宜采用100mm，不应大于200mm。

8.3 准确性验证

8.3.1 路面车辙自动化检测的准确性验证应包括有效检测宽度、车辙精度和等速重复性验证，准确性验证要求应符合表8.3.1的规定。

表8.3.1 路面车辙自动化检测的准确性验证要求

验证项目	准确性验证要求	
有效检测宽度	≥3.5m	
车辙精度	误差在±1.5mm以内的数据比例	≥65%
	误差在±3.0mm以内的数据比例	≥95%
等速重复性	变异系数 C_v	≤5%

8.3.2 准确性验证的周期不得超过一年，当年度累计检测里程超过10 000km、设备硬件发生变化或检测结果发生异常时，应重新验证。

8.3.3 路面车辙自动化检测应采用钢尺法进行有效检测宽度验证，结果应满足表8.3.1的要求。

8.3.4 路面车辙自动化检测应按下列方法进行车辙精度验证：

1 选择长度不小于200m的4个平直路段，每个路段车辙深度基本一致，各路段应具有不同的车辙深度，最大车辙深度不应小于25mm。

2 按1m间隔标注测试路段，用3m直尺分别测量标记断面的左右轮迹车辙深度，取大值为该断面路面车辙深度；以10m为单元计算所有断面车辙深度的平均值作为该单元车辙基准值。

3 以50km/h匀速重复测试3次，以10m为单元分别计算3次结果平均值作为10m单元测试值。

4 根据10m单元的基准值与测试值计算误差，结果应满足表8.3.1的要求。

8.3.5 路面车辙自动化检测应按下列方法进行等速重复性验证：

1 选择路面车辙分布均匀的200m平直路段。

2 以50 km/h匀速重复测试10次，计算测试路段10m车辙深度的平均值为路段测试结果。

3 按式（7.3.5）计算10次路段测试结果的变异系数 C_v。

4 变异系数 C_v 应满足表8.3.1的要求。

8.4 检测要求

8.4.1 检测前应完成下列准备工作：

1 将检测设备所有轮胎气压调整为标准气压。

2 启动检测设备，将检测装置调整至工作状态。

3 输入路线名称、起点桩号、终点桩号、检测车道、检测方向和检测时间等引导信息。

8.4.2 检测过程应符合下列规定：

1 应根据交通量、路面状况等实际情况，确定合适的检测速度，至少提前50m保持稳定行驶状态。

2 检测轨迹的中心线应与车道中心线基本吻合。必须并线超车时，应尽快回到原行驶车道。

3 应实时监控路面车辙检测值变化，出现异常时应及时寻找原因并做好记录，必要时停止检测。

4 应根据现场检测情况，做好检测工作记录。

5 通过检测路段终点后，应保持检测状态继续采集至少50m数据。

8.4.3 路面车辙自动化检测应按本规程第8.3.4条规定的方法选择1个测试路段进行设备校准，校准项目为车辙精度，校准结果应满足表8.3.1的要求。

8.5 数据处理

8.5.1 断面高程原始数据应以文本或电子表格格式保存，文件格式应符合表 8.5.1 的规定。

表 8.5.1 断面高程原始数据文件格式

桩　号（km）	高程值 1（0.1mm）	……	高程值 n（0.1mm）	速　　度（km/h）

注：对于扫描式激光车辙检测装置或光学影像车辙检测装置，原始数据中每个断面应至少保存 20 组高程值。

8.5.2 应以 10m 为单元分别计算断面左、右车辙深度的平均值，取大值为 10m 平均车辙深度。输出结果应包括桩号、左侧车辙、右侧车辙和路面车辙，并以文本或电子表格格式保存，数据文件格式应符合表 8.5.2 的规定。

表 8.5.2 路面车辙自动化检测数据文件格式

桩　号（km）	左车辙 RD_1（mm）	右车辙 RD_2（mm）	路面车辙 RD（mm）

8.5.3 路面车辙自动化检测应按下列要求复核：

1 当横断面数据出现异常或横断面数据不完整时，该断面视为无效断面，当无效断面数超出计算单元内断面总数 5% 时，该计算单元的车辙结果应无效。

2 应检查原始数据、现场检测工作记录、路线编码、桩号范围、上下行、检测里程是否一致，不一致时应核实查找原因，结合现场检测记录进行修正。

9 路面构造深度

T 0969—2014 路面构造深度自动化检测方法

9.1 适用范围

9.1.1 本方法适用于路面构造深度的自动化检测，检测指标为路面构造深度（$SMTD$）和断面平均构造深度（MPD）。

条文说明

本规程检测方法是参照《基于表面特性的路面构造深度——断面平均构造深度的测定》（EN ISO 13473-1—2004）标准制定的。断面平均构造深度 MPD 的计算单元长度为 100mm，为前 50mm 和后 50mm 断面高程峰值的平均值与整个 100mm 计算单元断面平均值之差，如图 9-1 所示。

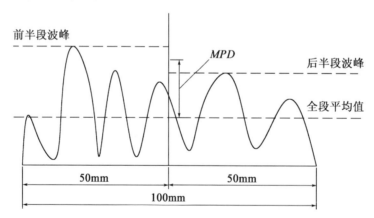

图 9-1 断面平均构造深度 MPD 计算方法

9.1.2 路面构造深度自动化检测宜采用单轮迹检测法，也可同时采集左轮迹带、右轮迹带及车道中间 3 条线的构造深度。

9.2 设备要求

9.2.1 路面构造深度自动化检测宜采用激光测距等装置。

9.2.2 纵向采样间距应小于2mm，高程传感器分辨率不应大于0.05mm。

9.3 准确性验证

9.3.1 路面构造深度自动化检测应对等速重复性进行验证，变异系数不应大于5%。

9.3.2 准确性验证的周期不得超过一年，当年度累计检测里程超过10 000km、设备硬件发生变化或检测结果发生异常时，应重新验证。

9.3.3 路面构造深度自动化检测应按下列方法进行等速重复性验证：
1 选择路面构造深度均匀分布200m长的平直路段。
2 以50 km/h匀速重复测试10次，分别计算10m单元 $SMTD$、MPD 的平均值为测试结果。
3 按式（7.3.5）分别计算 $SMTD$ 和 MPD 的10次测试结果的变异系数 C_v。
4 两个变异系数 C_v 均不应大于5%。

9.4 检测要求

9.4.1 检测前应完成下列准备工作：
1 将检测设备所有轮胎气压调整为标准气压。
2 启动检测设备，将激光传感器等检测装置调整至工作状态。
3 输入路线名称、起点桩号、终点桩号、检测车道、检测方向和检测时间等引导信息。

9.4.2 检测过程应符合下列规定：
1 应根据交通量、路面状况等实际情况，确定合适的检测速度，至少提前50m保持稳定行驶状态。
2 检测轨迹的中心线应与车道中心线基本吻合。必须并线超车时，应尽快回到原行驶车道。
3 应实时监控路面构造深度检测值变化，出现异常时应及时寻找原因并做好记录，必要时停止检测。
4 应根据现场检测情况，做好检测工作记录。
5 通过检测路段终点后，应保持检测状态继续采集至少50m数据。

9.4.3 路面构造深度自动化检测应按本规程第9.3.3条规定的方法进行设备校准，校验项目为等速重复性，校准结果应满足本规程第9.3.1条规定的要求。

9.5 数据处理

9.5.1 原始数据应包括桩号、检测长度、检测速度、断面高程等信息，以文本或电子表格格式保存，文件格式应符合表 9.5.1 的规定。

表 9.5.1 路面构造深度自动化检测原始数据文件格式

桩　号（km）	断面高程（mm）	速　度（km/h）

9.5.2 应以 10m 为单元分别按照本规程附录 B 和附录 C 规定的方法计算路面构造深度（$SMTD$）和断面平均构造深度（MPD）。

9.5.3 输出结果应包括桩号、$SMTD$、MPD 及速度，以文本或电子表格格式保存，文件格式应符合表 9.5.3 的规定。

表 9.5.3 路面构造深度自动化检测数据文件格式

桩　号（km）	$SMTD$（mm）	MPD（mm）	速　度（km/h）

9.5.4 路面构造深度自动化检测应按下列要求复核：

1 相邻断面高差超过 20mm 时，该断面数据视为无效。计算 $SMTD$ 时应剔除无效数据，300mm 基准计算长度内的无效数据占总数比例不应超过 5%；计算 MPD 时，无效数据宜采用前后数据插值的方法代替，100mm 基准计算长度内无效数据占总数不应超过 20%。

2 应检查原始数据、现场检测工作记录、路线编码、桩号范围、上下行、检测里程是否一致，不一致时应核实查找原因，结合现场检测记录进行修正。

附录 A 反移动平均滤波处理方法

A.0.1 本方法适用于路面平整度自动化检测中纵断面高程的高通滤波数据处理。

A.0.2 应按下列步骤进行滤波计算：
1 应按式（A.0.2-1）计算移动平均长度内高程点总数 m。

$$m = \frac{L_1}{l} \tag{A.0.2-1}$$

式中：L_1——移动平均长度，取 10m；
　　　l——断面高程输出间距（m）；
　　　m——移动平均长度内高程点数，近似为最近的奇数（偶数进1）。

2 应按式（A.0.2-2）计算每个断面位置 k 的高程移动平均值。

$$\overline{Y}_k = \frac{1}{m} \sum_{j=i}^{j=i+m-1} Y_j \tag{A.0.2-2}$$

$$i = k - \frac{m-1}{2}$$

$$k \in \left[\frac{m+1}{2}, M - \frac{m-1}{2}\right]$$

式中：M——断面高程总点数；
　　　m——移动平均长度内高程点数；
　　　$\overline{Y}_k$——第 k 点高程移动平均值（m）；
　　　Y_j——第 j 点的纵断面高程检测值（m）。

附录 B 路面构造深度 SMTD 计算方法

B.0.1 本方法适用于激光测距法自动化检测路面构造深度中 SMTD 指标的计算。

B.0.2 超出检测范围的高程无效数据应剔除。

条文说明

由于表面深槽或者局部表面光度特性可能导致数据无效，需剔除这些位置附近的高于或低于检测范围的数据。

B.0.3 应将纵断面高程数据按纵向划分为长 0.3m 的若干计算单元，并按式（B.0.3）分别计算各单元 SMTD。

$$SMTD_D = \sqrt{\frac{n\sum_{i=1}^{n}y_i^2 - (\sum_{i=1}^{n}y_i)^2 - \frac{12(\sum_{i=1}^{n}x_iy_i)^2 + p}{n^2-1}}{n^2}} \quad (B.0.3)$$

$$p = \frac{5[(n^2-1)\sum_{i=1}^{n}y_i - 12\sum_{i=1}^{n}x_i^2 y_i]^2}{4(n^2-4)}$$

$$n = \frac{D}{l}$$

式中：$SMTD_D$——基准计算长度 D 内的路面构造深度（mm）；

　　　D——基准计算长度，取 0.3m；

　　　x_i——基准计算长度 D 内，第 i 点的名义距离（m）；

$$x_1 = -\frac{(n-1)}{2}, x_n = \frac{(n-1)}{2}$$

　　　y_i——第 i 点的纵断面高程测量值（mm）；

　　　n——基准计算长度 D 内纵断面高程数量，近似为最近的奇数（偶数进1）；

　　　l——纵断面取样间距（m）。

B.0.4 应以 10m 为单元计算所有有效基准计算单元 SMTD 的平均值。

附录 C 断面平均构造深度 MPD 计算方法

C.0.1 本方法适用于激光测距法自动化检测路面构造深度中断面平均构造深度 MPD 指标的计算。

C.0.2 超出检测范围的无效高程数据应剔除，缺失数据应采用剔除位置前后高程检测数据的线性插值来代替。

C.0.3 应按下列步骤采用移动平均法对断面高程进行低通滤波计算：

1 应按式（C.0.3-1）计算移动平均长度内纵断面高程点数 m。

$$m = \frac{M}{l} \qquad (\text{C.0.3-1})$$

式中：M——移动平均长度，取 0.005m；

l——断面高程输出间距（m）；

m——移动平均长度内高程点数，近似为最近的奇数（偶数进1）。

2 应按式（C.0.3-2）计算 0.1m 计算单元长度内的纵断面高程点数 n。

$$n = \frac{B}{l} \qquad (\text{C.0.3-2})$$

式中：B——计算单元长度，取 0.1m；

l——断面高程输出间距（m）；

n——0.1m 计算单元内断面高程点数量，近似为最近的偶数（奇数进1）。

3 应按式（C.0.3-3）计算每个断面位置 k 的高程移动平均值。

$$\bar{y}_k = \begin{cases} \dfrac{1}{i}\sum_{j=1}^{j=i} y_j & i = 2k-1, & k \in \left[1, \dfrac{m-1}{2}\right] \\ \dfrac{1}{m}\sum_{j=i}^{j=i+m-1} y_j & i = k - \dfrac{m-1}{2}, & k \in \left[\dfrac{m+1}{2}, T - \dfrac{m-1}{2}\right] \\ \dfrac{1}{i}\sum_{j=T-i+1}^{T} y_j & i = 2(T-k)+1, & k \in \left[T - \dfrac{m-3}{2}, T\right] \end{cases}$$

$$(\text{C.0.3-3})$$

式中：y_j——第 i 点的纵断面高程测量值（mm）；

T——10m 单元内纵断面高程点总数；

m——移动平均长度内高程点数。

C.0.4 应将滤波处理后的断面划分为 100mm ± 2mm 长的若干基准计算长度。

C.0.5 应按式（C.0.5）对每个基准计算长度中断面测值进行线性回归。

$$y = ai + b \tag{C.0.5}$$

$$a = \frac{1}{D}\left[n\sum_{i=1}^{n} i\bar{y}_i - \frac{n(n+1)}{2}\sum_{i=1}^{n}\bar{y}_i\right]$$

$$b = \frac{1}{D}\left[\frac{n(n+1)(2n+1)}{6}\sum_{i=1}^{n}\bar{y}_i - \frac{n(n+1)}{2}\sum_{i=1}^{n} i\bar{y}_i\right]$$

$$D = \frac{1}{12}n^2(n^2-1)$$

式中：i——100mm 长基准计算长度内第 i 个检测断面，取值范围 $1 \sim n$；

n——100mm 片段内检测断面数；

$\bar{y}_i$——i 断面滤波处理后的平均值（mm）。

C.0.6 应利用线性回归结果按式（C.0.6）对滤波处理后的断面值进行修正。

$$\bar{Y}_i = \bar{y}_i - (ai + b) \tag{C.0.6}$$

式中：$\bar{Y}_i$——i 断面修正平均值（mm）。

C.0.7 应分别计算 100mm 计算单元内前后两个 50mm 内的断面最大峰值 $\bar{Y}_{B\max 1}$ 和 $\bar{Y}_{B\max 2}$，并按式（C.0.7）计算该 100mm 基准计算单元 MPD。

$$MPD_B = \frac{\bar{Y}_{B\max 1} + \bar{Y}_{B\max 2}}{2} - \bar{\bar{Y}}_B \tag{C.0.7}$$

$$\bar{\bar{Y}}_B = \frac{1}{n}\sum_{i=1}^{n}\bar{Y}_i$$

C.0.8 应以 10m 为单元计算所有 100mm 基准计算单元 MPD 的平均值。

本规程用词用语说明

1 本规程执行严格程度的用词，采用下列写法：

1）表示很严格，非这样做不可的用词，正面词采用"必须"，反面词采用"严禁"；

2）表示严格，在正常情况下均应这样做的用词，正面词采用"应"，反面词采用"不应"或"不得"；

3）表示允许稍有选择，在条件许可时首先应这样做的用词，正面词采用"宜"，反面词采用"不宜"；

4）表示有选择，在一定条件下可以这样做的用词，采用"可"。

2 引用标准的用语采用下列写法：

1）在规程总则中表述与相关标准的关系时，采用"除应符合本规程的规定外，尚应符合国家和行业现行有关标准的规定"等用语；

2）在规程条文及其他规定中，当引用的标准为国家标准和行业标准时，表述为"应符合现行《××××××》（×××）和《××××××》（×××）的有关规定"；

3）当引用本标准中的其他规定时，表述为"应符合本规程第×章的有关规定"、"应符合本规程第×章第×节的有关规定"、"应符合本规程第×条的有关规定"或"应按本规程第×条的有关规定执行"。